LIBRETA PARA AHORRAR DINERO

Reto de 100 días de ahorro

Editorial Teen Moons

PUBLICADO POR: Teen Moons Editorial

Copyright © 2024 Todos los derechos reservados.

Ninguna parte de esta publicación puede ser copiada, reproducida en ningún formato, por ningún medio, electrónico o de otro tipo, sin el consentimiento previo del propietario de los derechos de autor y editor de este libro.

Bajo ninguna circunstancia se podrá culpar o responsabilizar legalmente al editor o autor por cualquier daño, reparación o pérdida monetaria debido a la información contenida en este libro. Ya sea directa o indirectamente. Usted es responsable de sus propias elecciones, acciones y resultados.

Aviso Legal:
Este libro está protegido por derechos de autor. Este libro es sólo para uso personal. No se puede modificar, distribuir, vender, usar, citar o parafrasear ninguna parte o el contenido de este libro sin el consentimiento del autor o editor.

Aviso de exención de responsabilidad:
Tenga en cuenta que la información contenida en este documento es solo para fines educativos y de entretenimiento. Se han realizado todos los esfuerzos para presentar información precisa, actualizada, confiable y completa. No se declaran ni implican garantías de ningún tipo. Los lectores reconocen que el autor no se involucra en la prestación de asesoramiento legal, financiero, médico o profesional. El contenido de este libro se ha derivado de varias fuentes.

Consulte a un profesional con licencia antes de intentar cualquiera de las técnicas descritas en este libro.

Al leer este documento, el lector acepta que bajo ninguna circunstancia el autor es responsable de ninguna pérdida, directa o indirecta, en la que se incurra como resultado del uso de la información contenida en este documento, incluidos, entre otros, errores , omisiones o inexactitudes.

AGRADECIMIENTO

Gracias por elegir este libro para acompañarte a conseguir tus retos financieros.

Cada página ha sido elaborada con dedicación, con la esperanza de que lo disfrutes, consigas tu objetivo de ahorro y lo encuentres una herramienta útil y precisa con la que no te cueste trabajo conseguir los retos propuestos.

Su interés y apoyo son los que hacen posible este proyecto. Si este cuaderno le inspira, le ayuda o simplemente le es útil, consideramos que nuestro trabajo ha merecido la pena.

Por último, te agradeceríamos que nos dejaras una reseña para poder seguir creciendo y mejorando, permitiéndonos crear más libros que puedan serte de ayuda.

Una vez más, muchas gracias. Ha sido un placer, y esperamos verte en nuestros otros libros.

Código QR para reseñar

INTRODUCCIÓN

¡Bienvenido a tu guía para alcanzar la estabilidad financiera!

Este libro ha sido diseñado pensando en ti, para ayudarte a desarrollar hábitos de ahorro sólidos y alcanzables. Ya sea que estés dando tus primeros pasos en el mundo del ahorro o buscando nuevos desafíos para mantener el impulso, este libro te ofrece la posibilidad de lograr tus objetivos financieros.

En estas páginas, descubrirás:

- **Reto de ahorro de $500 en 30 días:** Un desafío corto pero poderoso, ideal para quienes buscan un objetivo rápido y manejable en el que ahorrarás $500 en solo un mes, mientras construyes un hábito positivo que te acompañará a lo largo del tiempo.

- **Reto de ahorro de $1,000 en 100 días:** Perfecto para quienes desean un enfoque un poco más prolongado. Este reto te guiará para ahorrar $1,000 en 100 días, ofreciéndote un equilibrio entre constancia y flexibilidad.

- **Reto de ahorro de $5,000 en 100 días:** Un reto más ambicioso, diseñado para quienes están listos para llevar sus ahorros al siguiente nivel. Con este plan, ahorrarás $5,000 en 100 días, impulsándote hacia metas financieras más grandes.

Reto de ahorro de $10,000 en 52 semanas: Este desafío a largo plazo está pensado para quienes desean una transformación financiera significativa. A lo largo de un año, aprenderás a gestionar tus ingresos y gastos de manera eficiente para alcanzar la impresionante meta de ahorrar $10,000.

Mini-retos: Para mantener la motivación y el hábito del ahorro, encontrarás dos mini-retos adicionales. Estos son perfectos para semanas ocupadas o para reforzar tu compromiso con el ahorro. Desde ahorrar $25 en 5 días hasta $100 en 10 días, estos mini-retos son ideales para complementar tus metas más grandes.

Crea tu propio reto: En la última sección del libro, tendrás la oportunidad de diseñar un reto de ahorro personalizado, ajustado a tus necesidades y circunstancias. Este espacio está pensado para que puedas ser creativo y establecer un plan de ahorro que se adapte perfectamente a ti.

A lo largo del libro, también encontrarás mini-consejos de ahorro que te proporcionarán estrategias prácticas y fáciles de aplicar en tu día a día.

Recuerda: El ahorro es un viaje personal y constante. Cada paso que tomes te acerca más a la libertad financiera que deseas.

¡Es hora de tomar el control de tus finanzas y comenzar a ahorrar de manera efectiva!

¡BIENVENIDO AL DESAFÍO DE AHORRO DE $500 EN 30 DÍAS!

Este desafío está diseñado para ayudarte a ahorrar **$500** en tan solo **30 días**. Cada día verás una cantidad específica que deberás ahorrar. Colorea las monedas o marca cada día a medida que alcanzas tus metas diarias.

Este desafío es perfecto para crear un fondo de emergencia o simplemente para mejorar tu disciplina financiera. ¡La clave es la consistencia diaria!

Si no puedes ahorrar la cantidad indicada en un día, ajusta los siguientes días para compensar. ¡Tú puedes hacerlo!

¡Empecemos a ahorrar!

RETO DE $500 EN 30 DÍAS

Días 1-3

TIP DEL AHORRADOR

Haz un presupuesto mensual: Establece un presupuesto detallado para saber exactamente cuánto puedes gastar y cuánto debes ahorrar.

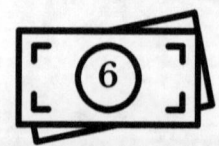

RETO DE $500 EN 30 DÍAS

Días 4-6

TIP DEL AHORRADOR

Evita las compras impulsivas: Antes de hacer una compra, pregúntate si realmente lo necesitas o si puedes esperar.

RETO DE $500 EN 30 DÍAS

Días 7-9

TIP DEL AHORRADOR

Lleva tu almuerzo al trabajo: Preparar tus propias comidas puede ahorrarte una gran cantidad de dinero a largo plazo.

RETO DE $500 EN 30 DÍAS

Días 10-12

TIP DEL AHORRADOR

Haz una lista de compras: Siempre lleva una lista al supermercado y apégate a ella para evitar comprar artículos innecesarios.

RETO DE $500 EN 30 DÍAS

Días 13-15

TIP DEL AHORRADOR

Compra en grandes cantidades: Comprar a granel puede ser más económico para productos no perecederos.

RETO DE $500 EN 30 DÍAS

Días 16-18

TIP DEL AHORRADOR

Aprovecha las ofertas y descuentos: Compra durante las rebajas o utiliza cupones para reducir costos.

RETO DE $500 EN 30 DÍAS

Días 19-21

TIP DEL AHORRADOR

Evita las marcas premium: Opta por marcas genéricas, que suelen ser igual de buenas y mucho más baratas.

RETO DE $500 EN 30 DÍAS

Días 22-24

TIP DEL AHORRADOR

Paga en efectivo: Pagar en efectivo te ayuda a ser más consciente de cuánto estás gastando.

RETO DE $500 EN 30 DÍAS

Días 25-27

TIP DEL AHORRADOR

Evita las deudas de tarjetas de crédito: Paga el saldo completo cada mes para evitar intereses.

RETO DE $500 EN 30 DÍAS

Días 28-30

TIP DEL AHORRADOR

Redondea tus compras: Si algo cuesta $18, ahorra $2 para redondear a $20 y crear un pequeño fondo de ahorro.

¡FELICIDADES POR COMPLETAR EL DESAFÍO DE AHORRO DE $500 EN 30 DÍAS!

Has demostrado que con disciplina y constancia es posible alcanzar tus metas financieras. Reflexiona sobre lo que has aprendido y cómo puedes aplicar estas lecciones en el futuro.

¡TOTAL AHORRADO!

$500

¡Sigue adelante, el éxito financiero está a tu alcance!

¡BIENVENIDO AL DESAFÍO DE AHORRO DE $1,000 EN 100 DÍAS!

Este desafío te guiará para ahorrar **$1,000** en **100 días**. A lo largo de este desafío, verás cantidades específicas que deberás ahorrar cada día. Colorea las monedas o marca cada día a medida que alcanzas tus metas diarias.

Este desafío es ideal para aquellos que desean establecer un fondo de emergencia, planificar un gasto importante o simplemente mejorar su disciplina financiera.

Si en algún momento no puedes ahorrar la cantidad indicada, no te preocupes. Ajusta los días siguientes para compensarlo. ¡Lo importante es seguir adelante y mantener la constancia!

¡Vamos a empezar!

RETO DE $1000 EN 100 DÍAS

Días 1-7

$10 $15 $10

$20

$10 $0 $5

TIP DEL AHORRADOR

Apaga las luces y los electrodomésticos: Ahorra energía apagando lo que no estás usando.

RETO DE $1000 EN 100 DÍAS

Días 8-14

| $20 | $0 | $15 |

| $10 |

| $5 | $10 | $15 |

TIP DEL AHORRADOR

Usa bombillas LED: Las bombillas LED consumen menos energía y duran más tiempo.

RETO DE $1000 EN 100 DÍAS

Días 15-21

| $10 | $15 | $10 |

| $20 |

| $15 | $0 | $5 |

TIP DEL AHORRADOR

Compra electrodomésticos eficientes: Invertir en electrodomésticos de bajo consumo energético puede reducir tus facturas a largo plazo.

RETO DE $1000 EN 100 DÍAS

Días 22-28

$10	$15	$10

$20

$10	$5	$0

TIP DEL AHORRADOR

Repara en lugar de reemplazar: Antes de comprar algo nuevo, considera reparar lo que ya tienes.

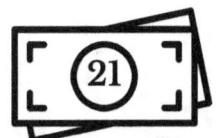

RETO DE $1000 EN 100 DÍAS

Días 29-35

| $10 | $0 | $5 |

| $15 |

| $20 | $10 | $10 |

TIP DEL AHORRADOR

Haz un uso eficiente del agua: Instala reductores de flujo en grifos y duchas para ahorrar agua.

RETO DE $1000 EN 100 DÍAS

Días 36-42

| $20 | $10 | $15 |

| $0 |

| $5 | $5 | $10 |

TIP DEL AHORRADOR

Haz tú mismo las reparaciones menores: Aprende a hacer pequeñas reparaciones en casa para evitar costos innecesarios.

RETO DE $1000 EN 100 DÍAS

Días 43-49

| $0 | $15 | $10 |

| $10 |

| $15 | $10 | $5 |

TIP DEL AHORRADOR

Deshazte de servicios innecesarios: Revisa tus suscripciones y elimina las que no usas.

RETO DE $1000 EN 100 DÍAS

Días 50-56

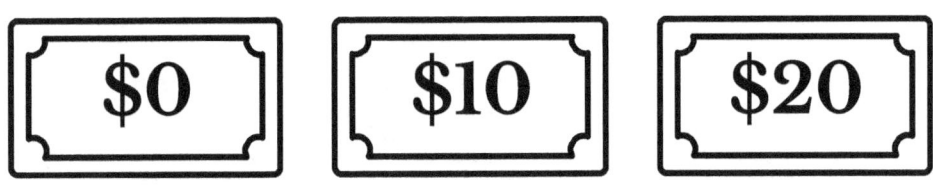

TIP DEL AHORRADOR

Usa el transporte público: Es generalmente más económico que mantener un coche propio.

RETO DE $1000 EN 100 DÍAS

Días 57-63

| $10 | $15 | $5 |

| $20 |

| $10 | $0 | $25 |

TIP DEL AHORRADOR

Camina o usa la bicicleta: Es gratis y además bueno para tu salud.

RETO DE $1000 EN 100 DÍAS

Días 64-70

TIP DEL AHORRADOR

Comparte coche: Comparte el viaje con compañeros de trabajo para dividir los costos de combustible.

RETO DE $1000 EN 100 DÍAS

Días 71-77

| $10 | $10 | $15 |

| $10 |

| $20 | $0 | $15 |

TIP DEL AHORRADOR

Mantén tu coche: Realiza el mantenimiento regular del coche para evitar reparaciones costosas.

RETO DE $1000 EN 100 DÍAS

Días 78-84

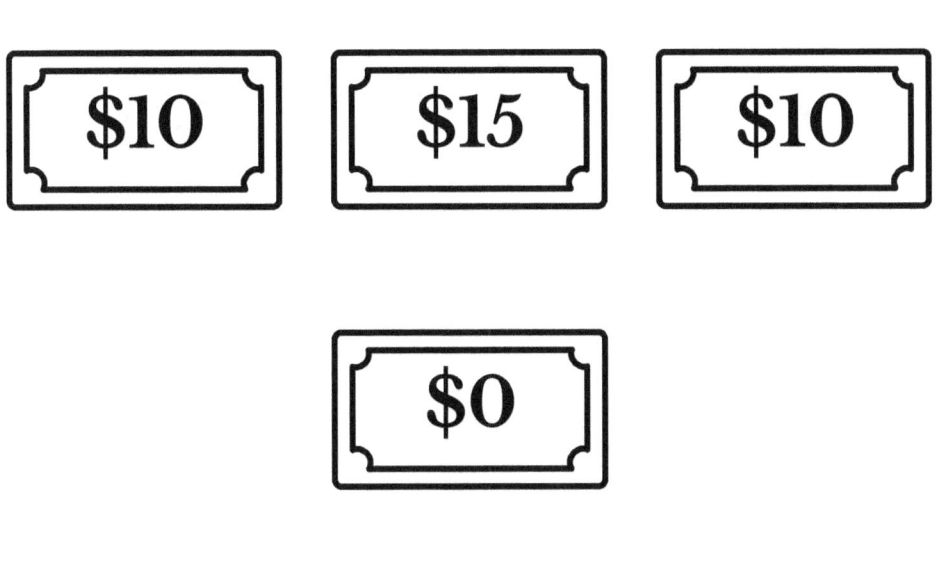

TIP DEL AHORRADOR

Compra un coche usado: Un coche nuevo se deprecia rápidamente, mientras que uno usado puede ofrecer mejor valor.

RETO DE $1000 EN 100 DÍAS

Días 85-91

| $10 | $5 | $10 |

| $15 |

| $15 | $10 | $0 |

TIP DEL AHORRADOR

Asegúrate adecuadamente: Revisa y compara tus seguros de coche para obtener la mejor oferta.

RETO DE $1000 EN 100 DÍAS

Días 92-100

$0	$10	$15
$5	$10	$20
$5	$10	$0

TIP DEL AHORRADOR

Combina viajes: Haz todas tus diligencias en un solo viaje para ahorrar tiempo y combustible.

¡FELICIDADES POR COMPLETAR EL DESAFÍO DE AHORRO DE $1,000 EN 100 DÍAS!

Has demostrado que con disciplina y constancia es posible alcanzar tus metas financieras. Reflexiona sobre lo que has aprendido y cómo puedes aplicar estas lecciones en el futuro.

¡TOTAL AHORRADO!

$1000

¡Sigue adelante, el éxito financiero está a tu alcance!

¡BIENVENIDO AL DESAFÍO DE AHORRO DE $5,000 EN 100 DÍAS!

Este desafío te guiará para ahorrar **$5,000** en **100 días**. Cada día tendrás una cantidad específica que deberás ahorrar. Marca tu progreso a medida que alcanzas tus metas diarias.

Este reto es perfecto para aquellos que desean hacer una gran diferencia en sus finanzas en un período corto. Ya sea que estés creando un fondo de emergencia, planificando una compra importante o buscando mejorar tus hábitos de ahorro, este desafío es ideal para ti.

Si en algún momento no puedes ahorrar la cantidad indicada, no te preocupes. Ajusta los días siguientes para compensarlo. ¡Lo importante es seguir adelante y mantener la constancia!

¡Vamos a empezar!

RETO DE $5000 EN 100 DÍAS

Días 1-5

$50

$40

$60

$45

$45

TIP DEL AHORRADOR

Usa aplicaciones para encontrar el combustible más barato: Esto puede ahorrarte dinero a largo plazo.

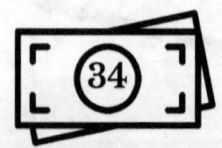

RETO DE $5000 EN 100 DÍAS

Días 6-10

$50

40

$70

$45

$60

TIP DEL AHORRADOR

Busca actividades gratuitas: Explora parques, museos gratuitos y eventos comunitarios.

RETO DE $5000 EN 100 DÍAS

Días 11-15

$55

$40

$65

$40

$70

TIP DEL AHORRADOR

Reduce las cenas fuera de casa: Cocinar en casa es generalmente más barato que comer en restaurantes.

RETO DE $5000 EN 100 DÍAS

Días 16-20

$55

$45

$60

$40

$50

TIP DEL AHORRADOR

Crea una noche de cine en casa: Alquila películas o utiliza servicios de streaming en lugar de ir al cine.

RETO DE $5000 EN 100 DÍAS

Días 21-25

$65 $45

$60

$45 $50

TIP DEL AHORRADOR

Evita las compras de último momento: Planifica con antelación para evitar gastos impulsivos.

RETO DE $5000 EN 100 DÍAS

Días 26-30

$55

$50

$65

$50

$45

TIP DEL AHORRADOR

Aprovecha los descuentos estudiantiles o de veterano: Muchos lugares ofrecen descuentos especiales, no dudes en pedirlos.

RETO DE $5000 EN 100 DÍAS

Días 31-35

$55

$60

$45

$50

$70

TIP DEL AHORRADOR

Bibliotecas en lugar de comprar libros: Las bibliotecas ofrecen una gran variedad de libros, revistas y películas de forma gratuita.

RETO DE $5000 EN 100 DÍAS

Días 36-40

$45

$55

$40

$60

$50

TIP DEL AHORRADOR

Reduce las suscripciones de streaming: Comparte suscripciones con amigos o familiares para dividir el costo.

RETO DE $5000 EN 100 DÍAS

Días 41-45

$65

$50

$50

$55

$45

TIP DEL AHORRADOR

Utiliza cupones de descuento: Antes de salir, busca cupones o descuentos en línea.

RETO DE $5000 EN 100 DÍAS

Días 46-50

$60

$45

$55

$50

$45

TIP DEL AHORRADOR

Intercambia servicios o habilidades: Ofrece un servicio a cambio de otro en lugar de pagar por él.

RETO DE $5000 EN 100 DÍAS

Días 51-55

$60

$40

$50

$30

$45

TIP DEL AHORRADOR

Compra entradas con antelación: Los boletos de eventos suelen ser más baratos si se compran con tiempo.

RETO DE $5000 EN 100 DÍAS

Días 56-60

- $45
- $55
- $55
- $60
- $50

TIP DEL AHORRADOR

Automatiza tus ahorros: Configura una transferencia automática a tu cuenta de ahorros cada mes.

RETO DE $5000 EN 100 DÍAS

Días 61-65

$55

$50

$50

$40

$45

TIP DEL AHORRADOR

Invierte en un fondo de emergencia: Asegúrate de tener al menos 3-6 meses de gastos ahorrados.

RETO DE $5000 EN 100 DÍAS

Días 66-70

$55

$50

$45

$30

$60

TIP DEL AHORRADOR

Maximiza tus aportes al plan de jubilación: Contribuye al máximo en tu plan de jubilación para aprovechar los beneficios fiscales.

RETO DE $5000 EN 100 DÍAS

Días 71-75

$50

$55

$45

$40

$45

TIP DEL AHORRADOR

Elige cuentas de ahorro de alto rendimiento: Busca cuentas que ofrezcan un mejor interés.

RETO DE $5000 EN 100 DÍAS

Días 76-80

$45

$50

$40

$55

$55

TIP DEL AHORRADOR

Diversifica tus inversiones: No pongas todos tus huevos en una sola canasta; diversifica para reducir el riesgo.

RETO DE $5000 EN 100 DÍAS

Días 81-85

$60

$45

$30

$50

$45

TIP DEL AHORRADOR

Compra seguros adecuados: Asegúrate de tener los seguros necesarios para proteger tus activos.

RETO DE $5000 EN 100 DÍAS

Días 86-90

$60

$55

$45

$35

$45

TIP DEL AHORRADOR

Evita las deudas innecesarias: No te endeudes para gastos que no son esenciales.

RETO DE $5000 EN 100 DÍAS

Días 91-95

$50

$55

$30

$40

$55

TIP DEL AHORRADOR

Compra casa en lugar de alquilar: Si es posible, es mejor invertir en una propiedad que pagar renta.

RETO DE $5000 EN 100 DÍAS

Días 96-100

$45

$50

$55

$50

$45

TIP DEL AHORRADOR

Revisa y ajusta tu plan financiero anualmente: Asegúrate de que tus estrategias de ahorro sigan alineadas con tus metas.

$5000 100D

¡LO LOGRASTE!

Enhorabuena por haber completado el **Desafío de Ahorro de $5,000 en 100 días**. Ahora es momento de reflexionar sobre lo que has aprendido y cómo este desafío ha cambiado tu forma de ver el ahorro.

Piensa en tus próximos pasos. ¿Cuál será tu próximo objetivo de ahorro? ¿Cómo aplicarás lo que aprendiste aquí a otras áreas de tu vida financiera?

¡TOTAL AHORRADO!

$5000

¡BIENVENIDO AL DESAFÍO DE AHORRO DE $10,000 EN 52 SEMANAS!

Este desafío está diseñado para ayudarte a ahorrar **$10,000 en un año,** distribuyendo el ahorro de manera equilibrada semana a semana. Cada semana tendrás una cantidad específica que deberás ahorrar, con variaciones para adaptarse a tus ingresos y gastos a lo largo del año.

Este desafío es ideal para aquellos que desean alcanzar un gran objetivo financiero, como un pago inicial para una casa, una inversión importante, o simplemente para construir un fondo de emergencia sólido.

Si en algún momento no puedes ahorrar la cantidad indicada, ajusta las semanas siguientes para compensarlo. ¡Lo importante es mantenerte en el camino hacia tu objetivo y no rendirte!

¡Vamos a empezar!

RETO DE $10.000 EN 52 SEMANAS

Semana 1-6

TIP DEL AHORRADOR

Compara precios antes de comprar: Utiliza aplicaciones o sitios web para asegurarte de que obtienes el mejor precio.

RETO DE $10.000 EN 52 SEMANAS

Semana 7-12

TIP DEL AHORRADOR

Compra fuera de temporada: Ropa, electrodomésticos y otros artículos son más baratos fuera de temporada.

RETO DE $10.000 EN 52 SEMANAS

Semana 13-18

TIP DEL AHORRADOR

Revisa tus suscripciones: Cancela aquellas que no utilizas regularmente.

RETO DE $10.000 EN 52 SEMANAS

Semana 19-24

TIP DEL AHORRADOR

Compra de segunda mano: Considera comprar ropa, muebles y tecnología de segunda mano.

RETO DE $10.000 EN 52 SEMANAS

Semana 25-30

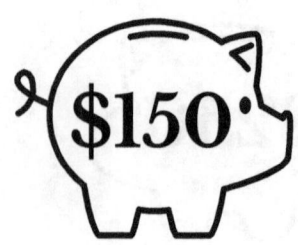 

TIP DEL AHORRADOR

Planifica tus compras grandes: Ahorra con anticipación para comprar en lugar de financiar.

RETO DE $10.000 EN 52 SEMANAS

Semana 31-36

TIP DEL AHORRADOR

Aprovecha los programas de recompensas: Usa tarjetas de crédito con recompensas, pero solo si puedes pagar el saldo completo cada mes.

RETO DE $10.000 EN 52 SEMANAS

Semana 37-42

TIP DEL AHORRADOR

Sé consciente de las ofertas falsas: No compres solo porque está en oferta; asegúrate de que realmente lo necesitas.

RETO DE $10.000 EN 52 SEMANAS

Semana 43-48

TIP DEL AHORRADOR

Evita la moda rápida: Compra ropa de buena calidad que durará más tiempo en lugar de moda pasajera.

RETO DE $10.000 EN 52 SEMANAS

Semana 49-52

TIP DEL AHORRADOR

Haz un uso eficiente de tu tiempo: El tiempo es dinero; planifica y organiza tu día para ser más productivo y evitar gastos innecesarios.

¡FELICIDADES POR COMPLETAR EL DESAFÍO DE AHORRO DE $10,000 EN 52 SEMANAS!

Has demostrado que con disciplina y constancia es posible alcanzar tus metas financieras. Reflexiona sobre lo que has aprendido y cómo puedes aplicar estas lecciones en el futuro.

¡TOTAL AHORRADO!

$10000

¡FELICITACIONES POR LLEGAR HASTA AQUÍ!

Ahora que has completado los desafíos principales, es hora de divertirse un poco más con algunos **mini-retos** adicionales. Estos mini-retos están diseñados para ser cortos y efectivos, perfectos para quienes buscan mantener el hábito del ahorro de una manera diferente.

Al final, encontrarás un espacio para crear tu propio reto personalizado. ¡Es tu oportunidad de ser creativo y diseñar un reto que se adapte perfectamente a tus necesidades y metas financieras!

¡Vamos a por ello!

MINI-RETO 1: AHORRA $100 EN 10 DÍAS

Recuerda: Colorea o marca cada día a medida que alcanzas tu meta. ¡Mantén el impulso!

- $10
- $15
- $5
- $10
- $15
- $5
- $10
- $15
- $5
- $10

¡Total ahorrado: $100!

MINI-RETO 2: AHORRA $50 EN 7 DÍAS

Este mini-reto es perfecto para una semana en la que quieres ahorrar un poco más sin mucha presión. ¡Ideal para complementar tu ahorro mensual!

$5 $10 $5

$10

$5 $10 $5

¡Total ahorrado: $50!
Recuerda: Cada pequeño paso cuenta. ¡Estás construyendo un gran hábito!

CREA TU PROPIO RETO

¡Ahora es tu turno de crear un reto personalizado!

Este espacio está diseñado para que puedas diseñar un reto de ahorro que se ajuste perfectamente a tus necesidades y metas financieras. Puedes crear un reto a corto, mediano o largo plazo, ¡lo que mejor se adapte a ti!

Nombre del Reto:_____

Objetivo de Ahorro: _____

Duración del Reto: _____

Total a ahorrar:_____

¡Recuerda que este reto es tuyo! Ajusta las cantidades y la duración según tus necesidades. ¡Diviértete y mantén el hábito de ahorrar!

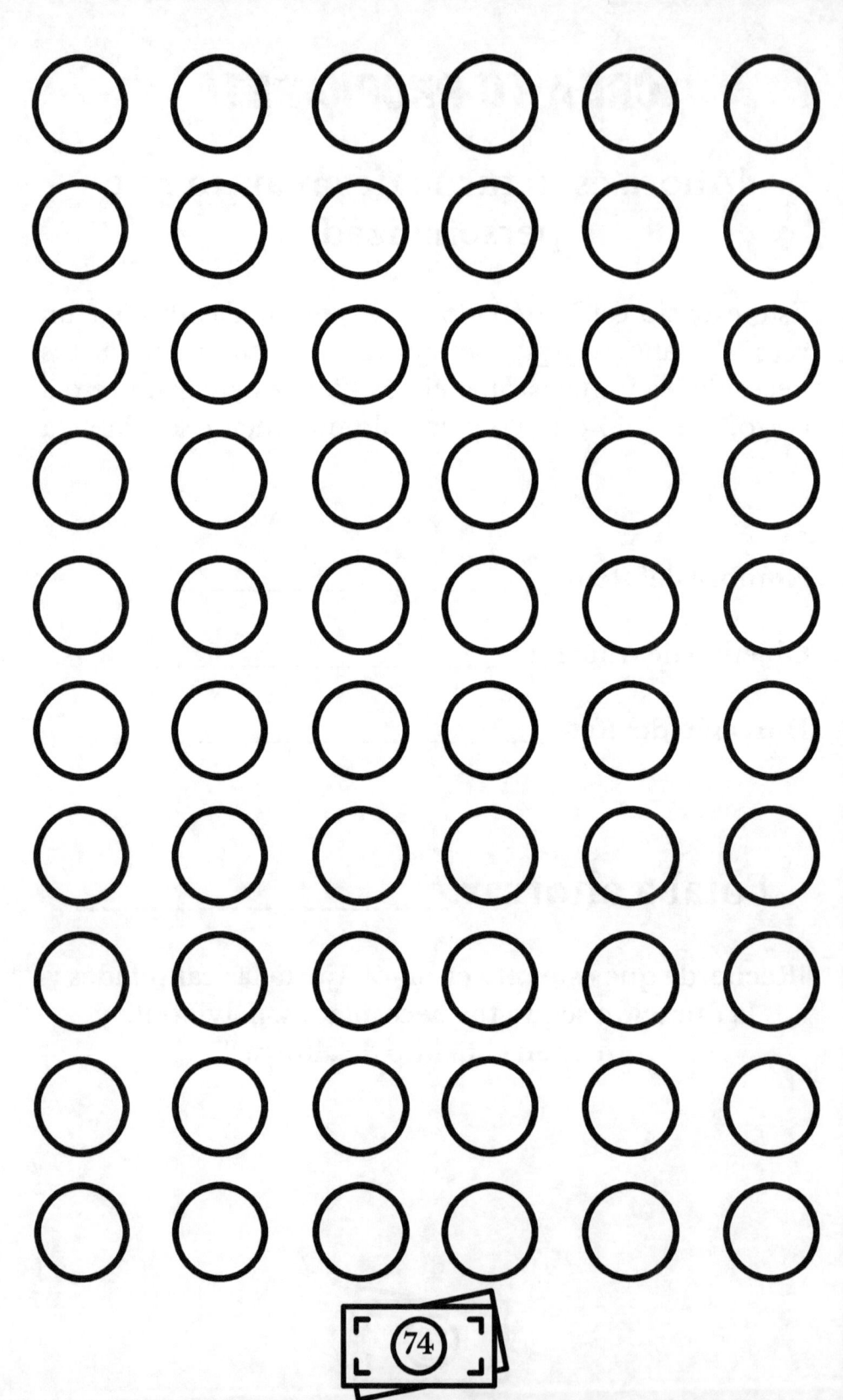

¡Total ahorrado: _____

¡HAS COMPLETADO LOS DESAFÍOS, LOS MINI-RETOS Y HAS DISEÑADO TU PROPIO RETO PERSONALIZADO!

Ahora es el momento de reflexionar sobre todo lo que has logrado. El ahorro es un viaje continuo, y cada paso que das te acerca más a tus metas financieras. Recuerda que el verdadero éxito financiero proviene de la consistencia y la planificación.

REFLEXIONES FINALES:

1. ¿Qué has aprendido sobre tus hábitos financieros?

_____
_____
_____
_____
_____
_____
_____
_____
_____
_____

2. ¿Cómo planeas mantener o mejorar estos hábitos en el futuro?

_____
_____
_____
_____
_____
_____
_____
_____
_____
_____

3. ¿Cuál será tu próximo gran objetivo financiero?

_____
_____
_____
_____
_____
_____
_____
_____

Gracias por unirte a este viaje de ahorro. ¡Que tu futuro esté lleno de éxito financiero y estabilidad!
¡Felicidades y sigue ahorrando!